La Danse des Tracteurs de Neige

ILLUSTRÉ PAR SHANNON WILVERS
TRADUIT PAR KAMRINN ROY

Les Histoires de Siena

La Danse des Tracteurs de Neige

Les Histoires de Siena 1

ISBN: 9781989579244

© Siena 2021
Traduit par Kamrinn Roy

Cette édition est publiée en accord avec Siena.
Tous les droits sont réservés. Aucune partie de cette publication ne peut être reproduite ou transmise sous quelque forme ou par quelque moyen que ce soit, électronique ou mécanique, y compris la photocopie, l'enregistrement ou tout autre système de stockage et de récupération d'informations, sans l'autorisation écrite de l'éditeur, à l'exception de l'utilisation de brèves citations. dans une critique de livre.

Les demandes d'autorisation de faire des copies de toute partie de ce travail doivent être soumises en ligne sur www.motherbutterfly.com

www.motherbutterfly.com

Ce livre est dédié à tous les formidables travailleurs de première ligne pendant la pandémie de COVID-19.

Je m'appelle Siena.

J'habite à Ottawa, la capitale du Canada.

Mes parents m'ont nommée d'après une très jolie ville d'Italie.

Je trouve que l'hiver à Ottawa est formidable.

Nous jouons dans la neige, construisons des forts de neige et des bonhommes de neige.

Cependant, l'hiver peut être rude pour nos voisins.

Certaines personnes pellètent leurs allées.

Certains de nos voisins préfèrent payer un service de déneigement.

D'abord, les tracteurs déneigent les allées.

Ensuite, la niveleuse de la ville dégage la route. Ça laisse d'énormes tas de glace et de neige devant toutes les allées. Ces gros monticules doivent être enlevés par une plus petite souffleuse à neige.

Maman nous apporte du chocolat chaud.
Nous comptons les guimauves et regardons
la neige, bien emmitouflés au chaud.

Ce qui se passe ensuite est ma partie préférée.

C'est ce que j'appelle :

La Danse des Tracteurs de Neige

Les petits tracteurs reviennent.

Ils avancent et reculent sur les allées en enlevant les monticules de neige restantes.

Encore un magnifique spectacle de

la danse des tracteurs de neige.

A propos de l'auteur

Siena est une vraie enfant canadienne qui aime le chocolat chaud et inventer des histoires avec son père. Tous deux ont choisi de créer ces livres de manière quelque peu anonyme.

À propos de l'illustrateur

Shannon Wilvers est une illustratrice canadienne qui adore dessiner des choses sur son ordinateur. Si elle dessine et colorie principalement numériquement, elle aime aussi expérimenter et jouer avec différentes matières comme l'aquarelle.

Dans ses temps libres, elle aime apprendre de nouvelles choses et regarder des dessins animés. Actuellement, ses favoris sont "Avatar: Le dernier maître de l'air " et " Kipo et l'âge des Animonstres". Elle est basée au Nouveau-Brunswick où elle vit avec son chien, Lucy.

Profitez de livres

GRATUITS

ALLER À:

motherbutterfly.com

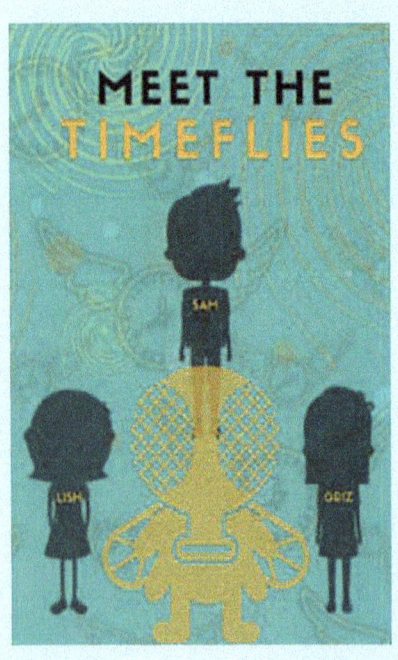  

Partagez

Si vous avez aimé ce livre, veuillez laisser un avis en ligne sur Goodreads & Amazon.

C'est le meilleur moyen pour les auteurs de partager leurs histoires avec les lecteurs. Nous apprécions votre aide!

Merci!

www.ingramcontent.com/pod-product-compliance
Lightning Source LLC
Chambersburg PA
CBHW061107070526
44579CB00011B/163